AF268104

CONVERSATION FAMILIÈRE

SUR QUELQUES-UNES

DES QUESTIONS QUI NOUS DIVISENT

PARIS. — IMP. SIMON RAÇON ET COMP., RUE D'ERFURTH, 1.

CONVERSATION FAMILIÈRE

SUR QUELQUES-UNES

DES QUESTIONS QUI NOUS DIVISENT

PARIS

E. DENTU, LIBRAIRE — ÉDITEUR

PALAIS-ROYAL, 17 ET 19, GALERIE D'ORLÉANS

—

1872

CONVERSATION FAMILIÈRE

SUR QUELQUES-UNES

DES QUESTIONS QUI NOUS DIVISENT

J'habite une partie de l'année une petite ville de province, et j'ai un voisin qui se dit et se croit sincèrement républicain. Il l'est depuis 1848; on ne l'était guère avant cette époque. La grande répulsion que nous éprouvions tous les deux contre le gouvernement impérial avait commencé notre intimité. Nous échangions nos pensées et nous nous trouvions toujours d'accord pour déplorer ce régime. Nous pressentions sans cependant oser prévoir à quel excès ils atteindraient, les maux que ce gouvernement sans contrôle accumulait sur la France. Nous gémissions ensemble de voir la masse du pays s'abandonner à une trompeuse sécurité et à une apparente prospérité, et de le voir se désintéresser de toutes les questions de politique extérieure et intérieure. Le plébiscite du 8 mai 1870, si habile, mais en même temps si, coupable, nous avait douloureusement consternés. Tous les deux nous avions consciencieusement, honnêtement, patriotiquement répondu *non* à la sommation que le gouvernement impérial nous faisait d'approuver son passé, de sanctionner le présent et de tout lui permettre dans l'avenir.

Dans mon opposition ardente au gouvernement impérial, à ses candidatures officielles, à ses plébiscites, à sa politique extérieure et intérieure, j'avais eu, je l'avoue, bien des tendances républicaines. Je croyais quelquefois possible la république honnête, et je m'étais laissé leurrer par la phrase que *la république était le terrain qui nous divisait le moins*. Je suis aujourd'hui complétement revenu de cette erreur. Le spectacle du gouvernement du 4 septembre m'a, pour longtemps, je le crois, dégoûté de la république. Je suis royaliste, tout en restant toujours libéral convaincu, et légitimiste par raisonnement et par le plus ardent patriotisme.

Nous nous entendons aussi moins bien, mon voisin et moi ; nous ne sommes plus d'accord comme nous l'étions ; mais comme tous les deux nous nous rendons la justice de croire que nous pensons honnêtement et consciencieusement, nous discutons toujours plus que jamais, nous efforçant de nous convaincre mutuellement.

Ce sont ces conversations familières, à bâtons rompus, passant sans transition d'un sujet à un autre, que je vais essayer de reproduire. Mon but sera atteint si mes concitoyens peuvent y trouver une lueur de la vérité dont notre malheureuse patrie a si grand besoin.

Je venais de passer quelques mois à Paris. Aussitôt mon retour, mon voisin vint me trouver. Il avait soif de nouvelles ; car on s'occupe peu de politique dans notre petite ville. On y reçoit, je crois un *Siècle* et deux *Figaro*; mais on y cause peu des affaires publiques. On y attend les événements, sans, pour ainsi dire, s'y intéresser d'avance. Et c'est là un des plus tristes symptômes de notre état actuel. Cette indifférence égoïste est une des plaies, et l'une des plus profondes que nous ait laissée le gouvernement impérial. Aussi mon voisin, qui est loin de partager cette apathique indifférence, avait grand besoin de causer, et nous entrâmes immédiatement en matière.

LUI.

Enfin, vous voilà revenu! Que dit-on et que fait-on à Paris? L'Assemblée va-t-elle enfin se dissoudre? Puisqu'elle ne veut pas constituer définitivement la république, elle n'a qu'à s'en aller et charger de ce soin une autre Assemblée, qui, elle, n'hésitera pas.

MOI.

Procédons par ordre. Oui, nous sommes toujours dans le provisoire, et, tout en croyant que cet état est une cause de faiblesse, il est cependant évident que, du moment que l'Assemblée nationale n'a pas cru devoir constituer en se réunissant à Bordeaux, puis à Versailles, après la la Commune, il y a peu de prétexte aujourd'hui pour sortir du provisoire. Vous êtes donc, ici, pour la dissolution? Pourquoi? L'Assemblée nationale a sa mission à remplir; il faut qu'elle la remplisse. Elle a à prendre toutes les mesures financières pour payer la rançon de la France et liquider l'effrayant passif laissé par l'empire et augmenté par le gouvernement du 4 septembre, puis elle a à réorganiser le pays. Quel motif pouvez-vous invoquer pour dénier à l'Assemblée nationale l'exécution de son mandat?

LUI.

Mais où voyez-vous que l'Assemblé ait reçu le mandat de réorganiser la France? Elle a été nommée, au mois de février, 1871, sous le coup de circonstances exceptionnelles, uniquement pour faire la paix. Une fois la paix faite, elle devait se dissoudre.

MOI.

Soyez donc conséquent avec vous-même. Vous eussiez voulu que l'Assemblée nationale proclamât la république. Vous lui reconnaissez donc le mandat constituant? Pourquoi le lui contestez-vous aujourd'hui? La campagne pour la dissolution est faite, avouez-le, par un parti qui ne cherche qu'à agiter le pays, au lieu de travailler à le calmer et à le fortifier. Certes, l'Assemblée nationale ne doit pas avoir une durée indéfiniment prolongée ; mais, soyez franc, elle est bien réellement constituante, et le pays l'a nommée pour autre chose que la conclusion de la paix. Du premier jour, comme vous avez vu qu'elle était composée en majorité d'éléments monarchiques, vous avez alors entrepris, à la suite des chefs du parti avancé, la campagne de la dissolution. Est-ce là comprendre et pratiquer le principe de la souveraineté nationale?

LUI.

A mon tour je vous dirai : Mais puisque vous

reconnaissez l'Assemblée souveraine, puisque de plus vous dites qu'elle est en majorité monarchique, pourquoi alors n'a-t-elle pas constitué la monarchie? Elle ne l'a pas fait, vous le savez bien, parce que la monarchie telle que vous la désirez est impossible. Le pays n'en veut pas, et, de plus, les membres qui composent la famille royale sont eux-mêmes divisés entre eux plus que ne le sont les fractions du parti républicain.

MOI.

Les divisions qui existent malheureusement entre les membres de la famille royale et le chef de cette famille ne détruisent pas le principe monarchique, pas plus que les divisions qui existent entre les représentants des nombreuses nuances républicaines n'empêchent pas la république d'être un principe. Il n'y a, vous me l'accordez, que deux seuls principes en présence, la monarchie légitime et la république. L'empire, de même que la monarchie de juillet 1830, n'ont été que des expédients.

LUI.

Expliquez-moi pourquoi l'accord ne s'est pas fait entre les princes d'Orléans et le chef de la maison de Bourbon.

MOI.

Les princes d'Orléans ont manqué à ce qu'ils devaient à la France et à ce qu'ils se devaient à eux-mêmes. Ils n'ont pas voulu rompre avec juillet 1830 ; ils ont voulu être et représenter quelque chose en dehors et à côté du principe de la légitimité. Leur conduite est inexplicable. Leurs partisans, en général, les blâment. Une petite coterie, pour laquelle l'avénement de Juillet est toute la doctrine politique, les a trompés ; ils se sont mis à la suite de cette coterie, et ils ne veulent pas comprendre le rôle qu'ils avaient à jouer dans l'effort de résurrection de la France. En dehors de la légitimité ils ne peuvent rien être, et ils ne peuvent rien représenter qu'une transaction bâtarde avec les plus mauvaises tendances de la révolution. Rangés derrière le chef de leur famille et le représentant du principe monarchique, ils sont une des forces de la patrie. Voilà ce que, jusqu'à présent du moins, ils n'ont pas voulu comprendre. Les royalistes légitimistes ne leur demandaient rien qui fût contraire à leur honneur. L'oubli du passé était complet; on ne voulait que l'union. Le temps des rancunes et des récriminations était passé. La France avait besoin, pour se relever, de toutes ses forces, et les princes d'Orléans sont un des éléments de cette force. Leur naissance les place dans une position exceptionnelle, mais leur impose en même temps des devoirs exceptionnels. Il est impossible à ces princes d'être simples citoyens dans la patrie dont on leur a rouvert les portes. M. le comte de Paris, les princes, ses oncles sont, quoi qu'ils fassent, membres de la famille royale, princes du sang, comme on dit. Qu'ils prennent garde que le pays lassé d'attendre ne finisse par les déclarer indignes et que, ne voyant plus en eux les descendants de Henri IV, il ne les considère que comme les petits-fils de Philippe-Égalité. Il peut y avoir, sur bien des points, divergence d'opinion entre les membres de la maison royale de France. Cela s'est vu dans tous les temps et dans toutes les familles royales ; mais le principe de la légitimité n'en reste pas moins entier. Le mot de *fusion*, dont on se sert si souvent, ne signifie rien ; c'est l'union pure et simple, sans condition comme sans restriction, que la France a le droit de demander et d'imposer.

LUI

On dit que cette union était au moment de se faire, que les princes, monsieur le comte de Paris en particulier, ne demandaient qu'à la conclure ; mais que le manifeste de monsieur le comte de Chambord a tout empêché.

MOI

Ceux qui parlent ainsi cherchent à égarer l'opinion et ne désirent pas cette union. Ils disent bien qu'au mois de juillet les princes d'Orléans partaient pour se ranger derrière le représentant du principe monarchique ; mais pourquoi avaient-ils attendu jusque-là ? Je ne reviens pas sur un passé lointain, je ne recherche pas les motifs qui ont fait que les princes d'Orléans ont repoussé toute entente après 1848 et pendant toute la durée de l'empire. Je demande seulement comment, le 4 septembre 1870, quand ils ont vu la France vaincue, envahie, livrée après les hontes de l'empire à la dictature de M. Gambetta et à l'incapacité des hommes du gouvernement de la Défense nationale, ils ont pu encore hésiter. Si, à ce moment, les princes d'Orléans, n'écoutant que leur patriotisme, étaient venus se ranger derrière le chef de leur famille, s'ils s'étaient réunis tous, sans arrière-pensée, au seul représentant du principe monarchique, la France aurait vu au moins, dans l'excès de son malheur, une force prête pour sa résurrection. Et ne croyez-vous pas que l'Assemblée nationale, lors de sa réunion à Bordeaux, n'eût pas cherché le salut public auprès de l'ancienne maison royale réunie en un seul faisceau ? Les princes d'Orléans, j'ai le droit de le dire, ont manqué à ce que la France était en droit d'attendre d'eux.

LUI

Mais le manifeste de monsieur le comte de Chambord ! mais le drapeau ! C'est le drapeau blanc qui a tout empêché. La France ne veut ni de l'ancien régime ni du drapeau blanc.

MOI

Que parlez-vous d'ancien régime? Vous savez bien que monsieur le comte de Chambord n'est pas le représentant de l'ancien régime. Il ne régnera jamais que comme roi constitutionnel. Ces vieilles rangaines de despotisme, d'ancien régime, de priviléges n'ont plus cours. Monsieur le comte de Chambord, toutes les fois qu'il a parlé à la France, et personne n'a le droit de suspecter sa loyauté et sa parole, a proclamé le gouvernement du pays par le pays et les garanties les plus larges du gouvernement représentatif.

Aujourd'hui il n'est pas sur le trône, il prolonge son exil volontaire pour ne pas être une cause de trouble et un embarras dans la situation si précaire dans laquelle nous nous trouvons ; mais plus il est éloigné du trône, plus il est de son devoir de parler a son pays et de lui dire dans sa conscience et son honneur ce qu'il pense. C'est ce qu'il a fait pour le drapeau. Oseriez-vous prétendre que le drapeau blanc n'est pas un drapeau français ? Monsieur le comte de Chambord n'écarte aucune des gloires de la France. Pourquoi voulez-vous effacer toutes celles du drapeau blanc ? C'est sous ce drapeau que s'est faite, sous nos anciens rois, la grande unité française, c'est sous le drapeau blanc qu'ont été conquises les provinces que nous venons de nous voir arracher après des désastres inconnus dans notre histoire nationale. En moins d'un siècle, c'est sous le drapeau tricolore que la France a subi la honte de trois invasions, de défaites, de capitulations et enfin d'un démembrement.

Henri de Bourbon expose le bilan des deux drapeaux. Qui peut dire que, dans les circonstances actuelles, la France répudie à jamais celle de ses couleurs sous laquelle elle a été le plus longtemps et le plus souvent victorieuse ?

Il eût été peut-être plus habile de déclarer que sous l'humiliation des défaites, des capitulations, du démembrement, la France ne pouvait plus avoir qu'un crêpe à la hampe de son drapeau ; mais monsieur le comte de Chambord n'a pas de ces habiletés : sa franchise est son honneur. Il proclame d'ailleurs le gouvernement du pays par le pays, et le jour où la France lui confiera ses destinées, si par la voix de ses mandataires ré-

guliers elle optait pour un drapeau plutôt que
pour un autre, son roi saura toujours s'incliner
devant le vœu de la majorité.

LUI

On prétend cependant que plusieurs députés
ont été trouver monsieur le comte de Chambord
à Lucerne pour lui demander de s'engager d'a-
vance à accepter la Constitution qu'ils feraient.
Monsieur le comte de Chambord aurait refusé de
prendre cet engagement. Si cela est vrai, vous
voyez bien qu'il veut alors nous *octroyer*, de par
son *bon plaisir*, sa constitution monarchique.

MOI

Oui, il est vrai que quelques députés en quête
d'expédients ont été de leur initiative privée à
Lucerne, demander à monsieur le comte de Chambord de consentir à prendre cet engagement.
Monsieur le comte de Chambord a refusé de le
prendre. C'était son droit et son devoir. Comment voulez-vous qu'il s'engage d'avance à sanc-

tionner n'importe quelle Constitution, bonne ou mauvaise ?

S'il n'avait été qu'un ambitieux, aspirant avant tout au pouvoir, cet engagement ne lui aurait rien coûté. Nous avons vu des aventuriers prêter serment à des Constitutions qu'ils étaient bien décidés à violer. Henri de Bourbon n'est pas de ces ambitieux. Il peut ne pas régner ; mais, s'il règne un jour, il veut que ce soit pour le bonheur et le salut de la France. Les royalistes ne reconnaissent pas au roi le droit d'*octroyer*, comme vous le dites, une Constitution, mais ils ne reconnaissent pas non plus à une Assemblée le droit d'imposer au souverain n'importe quelle Constitution. La Constitution future doit être discutée et faite d'accord entre les représentants du pays et celui qui, appelé à régner, sera par conséquent chargé de la faire exécuter.

LUI.

En attendant, nous sommes en république, M. Thiers en est le président. C'est l'Assemblée nationale qui l'a nommé, malgré les aspirations monarchiques qu'il vous plaît de lui supposer. Vous voyez bien que c'est la république qui fait pencher en sa faveur le plateau de la balance. Je ne vois pas comment les idées monarchiques pourraient changer à leur profit la situation actuelle. Il serait donc plus sage et plus patriotique au parti royaliste de ne pas conspirer et, dans l'intérêt de la régénération nécessaire, de se rallier franchement à l'*essai loyal* de la république.

MOI.

D'abord, comment sommes-nous en république? Admettez-vous, comme la consécration de ce régime, la surprise du 4 septembre? Lors de l'effondrement de l'empire, il a plu à la députation de Paris de se dire la France. Ces hommes ont profité de la stupeur causée par les désastres pour s'imposer. La journée de Sedan est devenue pour eux et par eux presque une journée de fète publique. Ils n'ont considéré dans ces jours de deuil que la date de leur avénement au pouvoir. Pour ces hommes, la défaite, l'humiliation de la patrie, tout disparaissait devant le triomphe de

leurs passions politiques. Ils croyaient tout effacer, tout réparer, tout relever du moment qu'il
leur était permis d'inscrire sur les murs de nos
monuments publics : *République française démo-
cratique, une et indivisible.* Ce fut là leur premier
souci. Est-ce là ce que ces hommes devaient faire
et acceptez-vous ce baptême pour la république ?
La France pouvait-elle être consultée ? avaient-ils
le droit de disposer d'elle sans elle ? Entre Sedan
et l'investissement de Paris, il ne pouvait être
question que d'un conseil de guerre dont la mission aurait été d'organiser et de prolonger la
lutte en y associant le pays tout entier de toutes
les façons possibles. Ces soi-disant républicains
ne comprirent que l'arbitraire et ne conçurent
que la dictature. Dans la crainte de perdre le
pouvoir qui, même dans cette crise affreuse,
avait son prix à leurs yeux, ils ne voulurent pas
associer le pays aux efforts qu'ils exigèrent de
lui ; ils repoussèrent avec acharnement toute
pensée de représentation nationale ; leurs décrets
empêchèrent les conseils généraux de se réunir
et les cassèrent, et pendant que les royalistes ne
pensaient qu'à combattre et à se dévouer pour

la patrie, eux ne furent préoccupés que des moyens de conserver le pouvoir usurpé. Il en fut ainsi jusqu'à la fin de la lutte : le dernier décret du dictateur en témoigne ; mais ce fut le seul que ses compères n'osèrent pas ratifier.

Vous parliez de M. Thiers ; mais savez-vous que si, au mois de février, il fut nommé dans vingt-six départements, c'est que son nom était une protestation de réprobation contre les hommes du 4 septembre ? La France s'attendait à leur mise en accusation, elle voulait leur demander compte de leurs actes et de sa ruine. M. Thiers, par la haute position qui lui était faite dans l'Assemblée et dans le pays, par la confiance et la déférence que tous lui témoignaient, était le seul homme peut-être en France qui n'avait pas le droit de favoriser un parti au détriment d'un autre.

LUI.

Vous êtes sévère pour les hommes du 4 septembre. Ils ont fait ce qu'ils ont pu pour prolonger la lutte à outrance. Le Corps législatif et le Sénat n'avaient jamais osé prononcer la déchéance. Ces deux assemblées, issues de la candidature officielle et de la faveur, nous ont montré ce qu'elles étaient et ce qu'elles représentaient. Le pouvoir était vacant, il fallait bien qu'il tombât entre les mains de ceux qui étaient l'opposition au gouvernement impérial. La régence était impossible, votre monarchie légitime n'était pas prête : il n'y avait donc que la république.

MOI.

Vous ne répondez pas à ma question. Un conseil de guerre et de défense suffisait pour toute la durée de la lutte. La France alors aurait disposé d'elle-même et elle aurait compris qu'on ne voulait pas lui imposer à tout prix et par n'importe quels moyens une forme de gouvernement.

Pour en revenir à M. Thiers, la confiance que le pays lui témoignait lui imposait de grands devoirs. Il aurait dû déclarer immédiatement, à Bordeaux, que la France était sous un provisoire innommé, qu'il acceptait la présidence du conseil, qu'il consentait, dans les circonstances actuelles, à être le chef du pouvoir exécutif; mais voilà tout. Il pouvait, dans cette position et avec cette restriction, rendre les mêmes services à son pays. Il devait donc savoir résister à l'entraînement de ceux qui voulaient faire de lui tout de suite un président de république. Ce fut là à peu près l'esprit de ce que l'on appelle le *pacte de Bordeaux*; mais ce pacte était encore trop vague. M. Thiers, malgré ses solennelles promesses, s'est toujours efforcé d'en sortir. Soit ambition, soit confiance en lui, il croit que lui seul peut réorganiser la France; aussi il tient à être président de république, il divise l'Assemblée pour gouverner; il choisit ses ministres dans la minorité qui le flatte et les impose à la majorité qui lui résiste. Certes, M. Thiers a rendu de grands services; mais la confiance qui lui était témoignée, la position exceptionnelle qui lui était faite étaient une récompense suffisante. Il a manqué à ce qu'il devait à son pays et à ce que son pays attendait de lui en n'employant pas l'autorité de sa position, de son expérience, de son grand talent à réunir en un seul faisceau toutes les forces de la France. Il pouvait le faire et préparer le jour où, toute pression écartée, l'Assemblée nationale pourrait proclamer, au nom du pays qu'elle représente, la forme du gouvernement réparateur. Tel devait être le rôle de M. Thiers, et ce rôle était assez beau pour lui faire décerner par sa patrie le titre de grand citoyen.

LUI.

Si M. Thiers n'a pas suivi cette marche, c'est que probablement, comprenant que la monarchie était impossible, il a voulu fonder la république. Je ne puis lui en faire un reproche, moi qui, vous le savez, suis républicain. Mais je vous ai connu autrefois des aspirations toutes différentes de celles que vous exprimez aujourd'hui. La forme républicaine ne vous effrayait nullement. Vous disiez que la république était l'avenir des sociétés modernes et qu'il fallait y arriver par des transformations successives. Je vous ai entendu dire aussi que, dans votre pensée, les garanties et les institutions gouvernementales devaient être, à bien peu de chose près, les mêmes sous une monarchie et sous une république.

MOI.

M. Thiers, en affaiblissant et en divisant l'Assemblée nationale, travaille, certes sans le savoir
et sans s'en rendre compte, non pas à l'affermissement de la république, mais au profit de l'empire !
Il est malheureusement vrai que l'empire, malgré
ses fautes, malgré ses hontes, malgré ses crimes,
a aujourd'hui des chances qu'il n'aurait jamais
dû avoir après les ruines qu'il avait accumulées.
Ce revirement de l'opinion publique tient à deux
causes : à la répulsion inspirée par les actes des
républicains du 4 septembre et, en second lieu,
à la faiblesse du provisoire actuel. Si la France,
en un jour d'épuisement et de découragement, a
la lâcheté de laisser l'empire s'emparer d'elle de
nouveau, M. Thiers d'un côté et les princes d'Orléans d'un autre auront à supporter devant leur
patrie, devant l'histoire, une bien lourde part de
responsabilité.

Vous m'accusez d'avoir changé d'opinion ;
j'avais, vous avez raison, bien des tendances
républicaines et j'ai souvent rêvé, après toutes
nos révolutions l'établissement d'une *république*

honnête. Je ne crois pas que ce rêve soit possible aujourd'hui. La république ne s'est pas présentée à nos yeux en honnête femme, elle a voulu s'emparer de nous en voleur de grands chemins. Les tendances autoritaires de ses chefs, la dictature qui semble être toujours son dernier mot, sans même parler des folies, des infamies, des crimes de la Commune, ont trop inquiété et trop effrayé. De plus, nous ne sommes malheureusement pas dans des temps ordinaires où l'on peut discuter tranquillement sur les mérites théoriques et philosophiques de telle ou telle forme de gouvernement. Nous traversons la crise la plus douloureuse de notre existence nationale, nos trop nombreuses révolutions ont fait perdre à la France le rang qu'elle occupait parmi les nations. Avant de penser à la forme de gouvernement que nous préférons, nous devons penser avant tout à l'existence de la France. Devant cette grande cause, nous devons tous faire taire nos intérêts, nos aspirations, nos ambitions, nos rancunes et nos haines. Sous quelle forme de gouvernement la France pourra-t-elle le plus promptement et le plus sûrement se relever, trouver des alliances, emprunter aux conditions les plus avantageuses les milliards dont elle a besoin? En mon âme et conscience, je crois que la monarchie légitime atteindrait à ces grands buts, plus sûrement et plus vite que la république. Voilà pourquoi je suis royaliste. Si je pouvais penser que la république, que l'empire même dussent nous relever plus sûrement que la monarchie légitime, sur mon honneur, je travaillerais à l'affermissement de la république ou au rétablissement de l'empire. Que tous les Français aient cette abnégation et nous serons bien près de redevenir une grande nation.

Quant à mes sentiments libéraux, rien, dans ce que je viens de vous dire, ne vous donne le droit de les suspecter. Plus que jamais je crois que les institutions et les garanties doivent être à bien peu de chose près les mêmes, que la forme du gouvernement soit monarchique ou républicaine. La monarchie telle que l'entendent ses partisans est le gouvernement par excellence constitutionnel, parlementaire et représentatif. Nous voulons rendre à tout jamais impossible le pouvoir personnel du souverain. Que pouvez-vous désirer de plus? Comme vous, nous voulons la responsabilité ministérielle, l'abrogation de l'article 75 de la constitution de l'an VIII, le fonctionnement régulier de deux assemblées, l'application sincère et vraie du suffrage universel, l'impossibilité pour le chef de l'État de composer la seconde assemblée uniquement par faveur, la décentralisation administrative la plus large et la plus féconde, et les facilités les plus étendues pour le pays de pouvoir formuler ses vœux. Que pouvez-vous donc désirer que nous ne désirions autant et même plus complétement que vous?

LUI.

Avec la forme de la monarchie légitime, vous engagez l'avenir, vous liez les générations futures, ce que vous n'avez pas le droit de faire. A la rigueur, je vous accorde que, dans la crise présente, si nous y voyions l'intérêt de la patrie, nous nous soumettions à vivre sous un roi ; mais avons-nous le droit d'engager nos enfants à une dynastie?

MOI.

Comment comprenez-vous donc la souveraineté nationale ? En poussant votre raisonnement jusque dans ses dernières limite, comme chaque jour il naît une génération, et que, par conséquent, il en arrive chaque jour de même une à âge d'homme, il faudrait donc chaque matin consulter le pays pour savoir sa volonté. Cela est impossible ; et, dans une certaine limite, on est obligé, par un pacte national, d'engager l'avenir. D'après vos principes, nous n'aurions pas le droit de faire peser sur nos enfants les charges des emprunts que nous sommes obligés de faire, et il faudrait tout payer comptant. Mais même sous la forme républicaine vous engagez l'avenir en nommant un président pour un certain nombre d'années fixé d'avance.

LUI.

Comment comprenez-vous que le pays soit consulté?

MOI.

Le pays est consulté par les élections périodi-
ques ; ses représentants sont ses mandataires na-
turels et réguliers, chargés de parler et d'agir en
son nom. Vous m'accordez bien qu'il est impossible, sur toutes les questions grandes ou petites,
de consulter l'universalité des citoyens. Quant à
la forme plébiscitaire de l'empire, vous savez
combien elle n'était qu'un expédient mensonger.
L'empire s'en servait pour les besoins de sa
cause, témoin le plébiscite du 8 mai 1870. Il
posait au pays, à son jour, à son heure et sous la
forme qui lui convenait, une question à laquelle
on ne pouvait répondre que par *oui* ou par *non*.
Cette forme n'était entourée d'aucune garantie.
Il faudrait, pour être conséquent, donner égale-
ment au pays le droit de poser, lui aussi, certaines questions. Je comprends autrement l'ex-
pression de la volonté nationale. Par les Assemblées, d'abord ; puis, sur certaines grandes questions, qui peuvent et doivent surgir, la faculté
laissée aux conseils généraux, aux conseils mu-

nicipaux même, si vous le voulez, d'émettre des vœux raisonnés que tout gouvernement ne pourrait étouffer, et qu'il serait obligé de prendre en considération. Ces vœux, pouvant toujours s'exprimer, seraient la soupape de sûreté de la volonté nationale.

LUI.

Comme ce système de consulter la nation n'existe encore que dans votre imagination, comment, en attendant, sortirons-nous du provisoire? L'Assemblée nationale est, vous le savez, divisée ; il n'y a pas une majorité compacte, et ce n'est pas avec quelques voix de majorité que l'on peut penser à constituer un gouvernement.

MOI.

L'Assemblée n'est pas aussi divisée que vous le croyez. Songez que jusqu'à présent le chef du pouvoir exécutif s'est toujours efforcé de gouverner contre le sentiment de la majorité. Le jour où le pouvoir exécutif abandonnerait ce faux système de bascule et marcherait d'accord avec elle, comme c'est son devoir, la majorité se trouverait tout d'un coup beaucoup plus compacte; mais laissons de côté cette hypothèse que rien jusqu'à présent ne fait malheureusement supposer devoir être une réalité, prenons l'Assemblée telle qu'elle est, avec les difficultés qui lui viennent des exaltés et les embarras de la politique suivie par M. Thiers. Elle a toujours une grande mission à remplir avant de songer à se dissoudre. Elle a à prendre toutes les mesures financières nécessaires à obtenir la libération du territoire et à réorganiser le pays. Elle a donc à discuter et à voter les lois de finances, la loi sur l'armée, sur l'instruction, sur la magistrature, sur le conseil d'État, sur la décentralisation administrative et la loi électorale. Ce n'est qu'après cette réorganisation qu'elle peut penser à se dissoudre et, pendant les mois qui lui sont nécessaires pour ces discussions, que d'événements peuvent surgir ! Que l'Assemblée nationale commence, comme elle semble vouloir le faire maintenant, à forcer le pouvoir exécutif à marcher d'accord avec elle. Dans notre état présent, si précaire et si faible, de tout côté, on redoute une nouvelle crise. Comment et quand cette crise arrivera-t-elle? Que M. Thiers vienne à mourir, et cette supposition n'a rien d'impossible, rien n'est prévu et la France peut devenir le champ de toutes les ambitions, de toutes les convoitises, de tous les coups d'État. Dans ce chaos, l'Assemblée nationale, que vous cherchez si aveuglément à affaiblir et dont vous demandez sans savoir pourquoi la dissolution, sera le salut de la France.

———

C'est ainsi que nous discutons, mon voisin et moi, recommençant toujours, reprenant les mêmes sujets, passant en revue toutes les questions qui nous passionnent et qui nous divisent. Nous abordons tour à tour le suffrage universel, la formation et le rôle d'une seconde Chambre, l'instruction libre, gratuite et obligatoire, la séparation de l'Église et de l'État, tout enfin. Je tâcherai peut-être un jour de reproduire quelques-uns de ces entretiens. Il en ressort toujours

que la division n'est pas si profonde qu'on pourrait le supposer entre un royaliste et un républicain. Si nous ne sommes pas d'accord, mon
voisin et moi, sur l'entête du gouvernement, nous
nous entendons sur la plupart des questions les
plus importantes. Tous les deux nous aimons notre pays avec passion, notre point de départ à tous
les deux est honnête et notre but est le même :
relever et régénérer notre malheureuse patrie.

Ah ! quelle vertu a ce mot de patrie ! que de sa-
crifices on peut demander et obtenir au nom de
cette mère commune ! Le jour où, faisant abnégation de nos intérêts, de nos sentiments, de nos
ambitions, nous n'aurons tous en vue que le salut de la patrie, ce jour-là la France sera bien
près de reprendre d'un bond la place que Dieu lui
avait marquée dans le monde.

PARIS. — IMP. SIMON RAÇON ET COMP., RUE D'ERFURTH, 1.